L'ECONOMIA DEL FUTURO

A partire dal 2007 si è mostrata con sempre maggiore chiarezza una drammatica crisi economica che è ancora oggi presente.

Siamo di fronte alla peggiore crisi economica dell'epoca contemporanea, anche peggiore della famosa crisi del 1929.

Col peggiorare della crisi potrebbe venire meno anche la possibilità di garantire la sicurezza ai cittadini perché il peggiorare delle condizioni economiche potrebbe portare anche a rivolte su larga scala. Anche l'anarchia nelle strade è un'ipotesi da prendere in considerazione, nel caso accada qualche evento traumatico, di tipo economico, che non riesce a essere tenuto sotto controllo dalle autorità. Lo scoppio di qualche altra bolla finanziaria o produttiva potrebbe questa volta essere incontrollabile e portare a un cataclisma. In quel caso il potere andrebbe a chi detiene la forza militare ed è in grado di mantenere o reinstaurare l'ordine.

Nonostante i vani sforzi per cercare di risolverla la crisi infatti sta peggiorando e, a mio avviso, peggiorerà ancora perché gli economisti ed i politici non hanno compreso, o non vogliono comprendere, quale sia la vera causa della crisi e continuano ad affrontarla con interventi assolutamente inefficaci.

In aggiunta alle tremende problematiche economiche va anche detto che lo sfrenato liberismo degli ultimi decenni sta mettendo a repentaglio anche la salute del nostro pianeta perché le fabbriche vengono trasferite in paesi dove i lavoratori costano meno ma dove pure viene poco o nulla rispettato l'ambiente.

La vera causa di questa crisi è il progresso tecnologico, risorsa positivissima qualora venga controllato in qualche modo ma risorsa tremendamente negativa se non viene in qualche modo gestito dall'uomo.

In questi decenni infatti il progresso tecnologico ha distrutto, e continua a distruggere, posti di lavoro in modo inarrestabile.

Il progresso tecnologico è una risorsa meravigliosa perché ci offre progressi stupefacenti ed utilissimi in ogni settore ma deve essere in qualche modo controllato, altrimenti, attraverso la perdita di posti di lavoro, crea una pericolosissima instabilità sociale.

Il sistema economico che attualmente vige nel mondo è il liberismo.

Il liberismo, per sua stessa natura giustamente orientato al profitto e all'arricchimento personale, non riesce ad essere il sistema economico adatto per affrontare una situazione di instabilità sociale così drammatica perché è un sistema economico che si disinteressa delle fasce deboli della popolazione e le lascia in balia della disoccupazione e di redditi insufficienti a vivere decorosamente.

L'altro sistema economico del passato, il comunismo, era troppo orientato alla gente e all'uguaglianza ed ha fallito. Aveva in se intenzioni assolutamente positive ma poi, non prevedendo l'arricchimento personale, ha portato all'apatia e alla stagnazione. Occorre trovare un nuovo sistema economico del tutto nuovo.

Personalmente pensavo di avere trovato una terza via, un nuovo sistema economico adatto a questi tempi, ed ho spiegato la mia teoria nel libro "L'economia nell'era tecnologica".

In particolare secondo me bisognava trovare un antidoto permanente all'effetto più devastante del progresso tecnologico, e cioè la disoccupazione. Infatti la disoccupazione sta aumentando da anni. La soluzione trovata nel libro era interessante: costruire un welfare state potentissimo.

Visto che ritengo tuttora valida l'idea di un super welfare mi sembra opportuno descriverlo.

Diamo per scontato che il diritto fondamentale di ogni cittadino è la sua libertà e diamo per scontato che già oggi lo stato garantisce ai cittadini la loro sicurezza personale e la giustizia, tramite la polizia e d i giudici.

Ebbene, occorre integrare questi diritti con 4 NUOVI DIRITTI FONDAMENTALI per il cittadino, che verranno erogati gratuitamente dallo stato. Verrà stabilità una Lista dei 4 diritti fondamentali del cittadino: Il diritto alla salute (e quindi ad ogni tipo di cura medica e medicina), il diritto all'istruzione (fino all'università), il diritto al nutrimento (e quindi la fornitura dei cibi basici per una dieta equilibrata anche se non sofisticata) ed il diritto all'abitazione (e quindi la fornitura ad ogni cittadino di un'abitazione di piccole dimensioni).

A mio avviso, se lo stato fornisse gratuitamente ai cittadini questi beni fondamentali per condurre un'esistenza decorosa allora, di fatto, anche la disoccupazione sarebbe sconfitta perché, se per caso, per qualche mese, o anche un anno, non riesco a trovare un lavoro, posso sopravvivere lo stesso grazie a questo nuovo super welfare, molto più protettivo del welfare tradizionale.

Lo stato finanzia il welfare con le tasse ma, soprattutto durante le crisi economiche, si fa fatica a riscuoterle e non sono mai abbastanza.

E se eliminassimo le tasse? E se trovassimo un sistema per finanziare il super welfare senza bisogno di tasse?

Cioè, visto che le tasse vengono mal tollerate dai cittadini e ne deprimono lo spirito imprenditoriale, come si può trovare una soluzione, alternativa a quella attuale che non funziona (cioè il sistema economico detto liberista), per avere un super welfare che ci protegga dalla disoccupazione?

Le tasse sono veramente necessarie?

Possiamo costruire un sistema economico che funzioni senza tasse? La risposta è SI.

Possiamo davvero creare un mondo senza tasse e ciò ci permetterà di uscire dalla crisi economica.

Come? Iniziamo la spiegazione.

Innanzitutto ci viene in aiuto proprio la tecnologia. Il progresso tecnologico da problema diventa la soluzione.

Siamo testimoni da anni di un fatto: la tecnologia ci consente di produrre sempre più merci e sempre più servizi con meno lavoratori.

Quindi grazie ai macchinari tecnologici riusciremo sempre più a fornire gli stessi servizi e prodotti alla popolazione con sempre meno lavoratori.

Già oggi secondo me abbiamo un livello tecnologico che ci consente tranquillamente di offrire i servizi e i prodotti della Lista dei 4 diritti fondamentali, di cui parlavo prima, a tutti i cittadini del mondo. Si tratta solo di averne voglia. Siamo sinceri, cosa volete che ci voglia ad offrire questi servizi e questi diritti ai cittadini? Bisogna solo organizzare il sistema in modo un po' diverso.

Tuttavia allo stato attuale non riusciamo a produrre tutti i prodotti ed i servizi basici per la popolazione solo con la tecnologia e quindi abbiamo bisogno di un aiutino. L'aiutino può essere una quota di lavoro da parte dei cittadini a favore dello stato. Del resto i cittadini non possono pretendere di avere servizi e prodotti gratuiti senza pagare le tasse. Qualcosa devono pur fare per avere il super welfare gratuito.

D'altronde dobbiamo ricordarci che fino a poco tempo fa lo stato ordinava ai cittadini di fare il servizio militare e la gente obbediva senza opporsi.

I cittadini dunque contribuiranno con il loro lavoro alla creazione del super welfare.

I cittadini si faranno il super welfare da sé, con il loro lavoro.

Gli si può chiedere di dedicare allo stato un giorno lavorativo alla settimana (oppure al limite anche due giorni da 8 ore ogni settimana), almeno fino a che la tecnologia non ci consentirà di offrire alla popolazione il super welfare senza neanche la quota di lavoro dei cittadini. Ci si arriverà..... ma ci vuole ancora tempo, in questo senso la tecnologia deve ancora evolversi. E' questione di tempo, forse quando si vedranno in giro i primi robot allora sarà il momento giusto. Il futuro va comunque nella direzione di un progresso tecnologico che permetta la fruizione di un super welfare gratuito per i cittadini e che sia finanziato dallo stato senza bisogno di tasse, e con un apporto minimale di lavoro degli uomini.

Per il momento tuttavia la tecnologia non riesce ancora, da sola, ad offrirci ciò di cui abbiamo bisogno per fornire ai cittadini i quattro diritti fondamentali. Va dunque un po' supportata con il lavoro degli uomini.

I cittadini dunque lavoreranno per conto dello stato per un giorno alla settimana ed in cambio avranno il super welfare, basato sulla Lista dei 4 diritti fondamentali, gratuitamente. Non si chiederà ai cittadini null'altro che questo. Non avranno dunque tasse e potranno dedicare il resto del loro tempo al proprio lavoro privato, guadagnando e basta.

Ovviamente i cittadini per fare mestieri che non hanno mai fatto prima dovranno seguire dei corsi di formazione (fatti salvi i lavori con competenza specifica, per esempio il medico, che dovranno essere espletati da cittadini che ovviamente sono già dottori, dopo diremo in che modo).

Si può anche pensare che, qualora un cittadino non voglia fare la sua parte di lavoro sociale obbligatorio, egli dovrà pagare allora una tassa, chessò... di 10.000 euro l'anno, e con questa tassa, non obbligatoria ma volontaria, lo stato pagherà un altro lavoratore che farà la parte di lavoro che spettava al cittadino che ha pagato la tassa. Oppure lo stato utilizzerà questi soldi per incentivare economicamente magari alcune professionalità assolutamente necessarie come, per esempio, i medici.

C'è molto di cui discutere, molto da migliorare, molte cose da affinare. Finalmente però abbiamo un'idea economica per il futuro, sulla quale potremo fare ulteriori ed approfondite riflessioni al fine di migliorarla e renderla idonea ai tempi che verranno.

Saremo dunque, grazie a questo super welfare, sempre protetti dalla piaga della disoccupazione. Teoricamente i cittadini potrebbero anche non lavorare più e vivere decentemente soltanto tramite il super welfare, ma bisogna precisare che il super welfare darà gratis ai cittadini soltanto i bisogni fondamentali e non le cose voluttuarie. Se un cittadino vorrà fumare od avere un telefonino dovrà lavorare nel settore privato per potersi permettere questi beni. Lo stato deve garantire ai cittadini un tenore di vita minimale ma deve anche evitare che essi cadano nell'apatia e, come dicono giustamente i liberisti, solo l'arricchimento personale ed una sana competizione permettono la vita di una società viva e dinamica.

Se poi un giorno lo stato sarà anche in grado di fornire alcuni beni di lusso, beh allora dovremo capire se ciò può portare i cittadini all'apatia oppure no.

Come verrà organizzato il lavoro statale dei cittadini che creeranno il super welfare?

In base alle competenze ed alle caratteristiche di ognuno. Un medico ovviamente verrà utilizzato come medico, per cui potrà esercitare la sua professione di medico durante la settimana nel settore privato e durante un giorno alla settimana lavorerà invece gratuitamente in un ospedale pubblico.

Un poliziotto dovrà offrire la sua giornata lavorativa per lo stato facendo il poliziotto e negli altri giorni della settimana potrà fare ciò che vuole. Per rinforzare i ranghi della polizia potranno essere integrati in tale servizio alcuni cittadini che hanno il porto d'armi e che hanno svolto il servizio militare. Dovranno ricevere un minimo di addestramento per poter prestare servizio nella polizia durante il loro giorno settimanale di lavoro per lo stato, ma credo che molti cittadini potrebbero andare bene per tale compito.

Altri cittadini presteranno il loro lavoro nella raccolta dei rifiuti ed altri cittadini laureati faranno i professori nelle scuole. I cittadini laureati in legge potranno essere selezionati per fare i giudici. Altri cittadini faranno gli impiegati amministrativi.

Non sarà certo facile organizzare un servizio statale così capillare ma neanche impossibile.

Occorre inserire a mio avviso anche un altro piccolo ingrediente per arrivare alla nostra ricetta economica.

Lo stato per offrire questo super welfare verrà posto nella condizione di avere il diritto di monopolio nel fornire determinati servizi a pagamento. Per esempio dovrebbe poter avere il monopolio nel produrre e vendere ai cittadini due beni assolutamente necessari e di largo consumo, per esempio l'elettricità ed il carburante.

Ciò per permettere allo stato di avere anche introiti monetari, che poi utilizzerà per i suoi scopi. I guadagni effettuati dallo stato con queste lucrose attività potranno, per esempio, essere utilizzati per creare un circuito meritocratico all'interno del sistema di lavoro statale.

Cioè i lavoratori del welfare, o perlomeno i migliori tra essi, verranno premiati dallo stato con retribuzioni economiche affinchè, grazie alla meritocrazia avviata in questo modo, il sistema di lavoro funzioni in maniera efficace e migliorativa. Non tutti verranno premiati ovviamente, non ci sarebbero abbastanza soldi visto che il numero dei lavoratori del super welfare sarà altissimo (praticamente tutti i cittadini in età da lavoro dovrebbero partecipare, sarebbero esentati dalla giornata di lavoro obbligatorio per conto dello stato soltanto i cittadini fino a 25 anni ed i cittadini oltre i 65 anni, pur godendo anch'essi gratuitamente del super welfare).

Se infatti il sistema di lavoro pro welfare fosse basato solo sulla coercizione molto probabilmente esso funzionerebbe male. I cittadini lavorerebbero obbligatoriamente per lo stato ma senza alcuna passione e senza alcuna motivazione. Se invece anche per loro ci fosse l'ipotesi di guadagno allora si impegnerebbero di più e lavorerebbero meglio. Chi si distinguerà nell'effettuare il lavoro per conto dello stato riceverà un premio economico, la maggior parte dei cittadini invece lavoreranno e basta, senza ricevere nulla in cambio, se non il super welfare.

Allo stesso modo dei premi dovranno essere previste anche delle punizioni per i cittadini che durante l'espletamento del lavoro statale riceveranno più di un richiamo dai superiori.

Una parte dei guadagni dello stato nel produrre e vendere energia elettrica e carburante dovranno probabilmente essere comunque anche utilizzati per comprare alcuni macchinari e tecnologie. Anche se l'ideale sarebbe che lo stato producesse da sè tutto ciò di cui ha bisogno per costituire il super welfare. Anzi l'obbiettivo è assolutamente proprio quello.

Quando poi la tecnologia avrà raggiunto la sua massima potenza si potrà pensare anche di eliminare la quota di lavoro statale obbligatorio dei cittadini necessario a far funzionare il super welfare.

Molto probabilmente tra alcuni decenni ci saranno infatti macchinari tecnologici e robot talmente sofisticati che l'apporto umano alla creazione del super welfare potrà essere ridotto al minimo.

Magari potranno continuare a lavorare gratuitamente per lo stato un giorno alla settimana solo quelli che vorranno farlo dietro compenso. Gli altri che non vorranno farlo potranno beneficiare del super welfare pagando una tassa molto bassa (veramente bassissima), che andrà a potenziare ulteriormente la quantità di denaro che lo stato già riesce ad avere tramite la vendita di elettricità e carburante e che verrà utilizzata, a questo punto, per pagare i lavoratori volontari.

Per fare un esempio, chi non vorrà espletare la sua quota di lavoro per conto dello stato (8 ore alla settimana) perché è ricco, oppure non può sottrarre tempo al proprio lavoro privato, potrà pagare una piccolissima tassa sostitutiva.

Torniamo un attimo ad analizzare le categorie professionali che sono necessarie per far funzionare il super welfare e vediamo se possono essere recuperate attraverso la precettazione dei cittadini.

Le categorie professionali necessarie che mi vengono in mente sono: medici, infermieri, poliziotti, netturbini, contadini, operai, giudici, professori, scienziati e ricercatori......

Eventualmente, solo nei primi anni di funzionamento del nuovo sistema economico (NES), le risorse monetarie a disposizione dello stato possono essere date solo ai lavoratori di cui c'è impellente necessità e che hanno una elevata specializzazione (per esempio si può pensare di pagare i medici in attesa che il sistema universitario venga ristrutturato per poter fornire il numero di medici necessario).

In ogni caso, è assolutamente ipotizzabile che l'economia privata, dopo un tale cambiamento, possa tornare a funzionare ad un ritmo molto elevato. In questo nuovo sistema economico non ci sarebbe infatti nessuna tassa. Ciò è veramente un fatto epocale. I guadagni non saranno più tassati, tutte le persone che lavoreranno guadagneranno e basta, non dovranno dare nulla allo stato. Credo che questo sia il sogno di ogni imprenditore. Inoltre gli imprenditori potranno licenziare liberamente i propri lavoratori, senza alcun preavviso e senza alcun indennizzo. Infatti il lavoratore licenziato potrà tranquillamente sopravvivere grazie all'aiuto del super welfare, fino a che non troverà un nuovo lavoro che gli permetterà di guadagnare di nuovo e di comprarsi i beni voluttuari che desidera.

Riassumiamo quali sono i punti fondamentali di questo nuovo sistema economico (NES):

1) Eliminazione totale di ogni tipo di tassa
2) Costruzione di un super welfare con 4 nuovi diritti fondamentali erogati gratuitamente ai cittadini (diritto alle cure mediche, al cibo basico, all'istruzione, a una casa minima)
3) Creazione di un sistema di lavoro statale che precetta il cittadino per 8 ore alla settimana da dedicare al lavoro al servizio dello stato (in attesa che lo sviluppo tecnologico consenta di fare a meno di questo obbligo)
4) Ricerca scientifica atta ad aumentare il livello tecnologico per giungere alla creazione di un super welfare elargito tramite tecnologia e con un bassissimo apporto di tipo umano.
5) Rinascita dell'economia privata grazie all'assenza delle tasse

6) Licenziamento libero per rendere flessibile il mondo del lavoro e facilitare gli imprenditori
7) Sconfitta della disoccupazione. Il cittadino licenziato, o senza lavoro, può sopravvivere col super welfare
8) Sconfitta dell'evasione fiscale. Non essendoci più tasse non c'è più neppure evasione fiscale

Se vogliamo veramente risolvere la crisi economica dobbiamo trovare una soluzione anche per altri problemi legati all'economia attuale. In modo tale che il grande cambiamento portato dall'eliminazione delle tasse e dalla creazione del sistema di lavoro statale (SLS) possa essere davvero l'inizio di un nuovo periodo di fioritura economica. Abbiamo la grande occasione di costruire a tavolino un sistema economico stabile e più giusto.

Innanzitutto bisogna comprendere come l'economia sia diventata una cosa internazionale. Ciò è un dato di fatto assolutamente evidente e va capito ed accettato da tutti. Quindi sarebbe opportuno che molti paesi del mondo mettano in comune l'economia e magari anche la moneta. Questo è un fatto determinante per il successo del sistema economico proposto.

Infatti bisognerebbe riuscire, con uno sforzo comune di molti paesi diversi, a pianificare un'organizzazione industriale-agricola-energetica che sia in grado di rendere al meglio l'apporto delle tecnologie e delle risorse. Questa volontà, ormai ineluttabile, è anche l'unica nostra speranza per costruire un sistema industriale-agricolo-energetico che sia rispettoso dell'ambiente visto che i segnali d'allarme che da esso provengono sono sempre più numerosi e non c'è più tempo per indugiare. Per esempio, come prima decisione del nuovo sistema economico (NES), le nazioni che si raduneranno attorno ad un tavolo potrebbero stabilire un'organizzazione energetica che consenta lo spegnimento immediato di tutte le centrali a carbone. Le nazioni che hanno un grande apporto dalle centrali a carbone dovrebbero essere messe nelle condizioni, in un'ottica organizzativa di respiro mondiale, di poter fare questa rinuncia. Questa cosa si può assolutamente fare, basta trovare il modo, e francamente, già che si deve rivoltare l'economia come un calzino, non credo che sia poi così difficile (se proprio non si riuscisse a farla si può chiedere a tutti i cittadini del mondo, di rinunciare alla corrente elettrica per 4 ore al giorno finchè non si trova una soluzione).

Tornando al più ampio discorso dell'organizzazione industriale-agricola-energetica vorrei analizzare un punto importante.

Se l'Italia applicasse questo nuovo sistema economico dovrebbe fin da subito annullare le tasse e creare il sistema di lavoro statale (da ora in poi lo abbrevio con SLS).

Ma rimarrebbero in vita molti problemi in ogni caso. In primo luogo comunque lo stato dovrebbe avere i soldi per pagare interessi e debiti a livello internazionale Dove trova i soldi??

Occorrerebbe infatti che si facesse un'intesa internazionale sui debiti e sulle monete, di cui parleremo più avanti, a pagina 23.

Inoltre dovrebbe nazionalizzare la produzione e la vendita di elettricità e carburanti. Già questo è un problema perché come sappiamo l'Italia importa elettricità e petrolio da stati stranieri.

Inoltre alcuni macchinari e tecnologie necessarie nel settore, per esempio, medico, non vengono prodotte in Italia ma altrove. E questo è un altro problema. Certo lo stato italiano potrebbe comprare i macchinari tecnologici con i soldi provenienti dalla vendita di elettricità e petrolio ma ciò sarebbe senz'altro una complicazione.

Comincio davvero a pensare che questo sistema economico nuovo debba essere applicato da un consorzio di nazioni che mettono insieme l'economia e si aiutano reciprocamente a risolvere i problemi economici-organizzativi.

E' necessario che un insieme di nazioni si organizzino per offrire le proprie specificità e risorse in modo intelligente per far funzionare meglio il sistema.

La Russia per esempio non ha una base industriale ma è ricca di risorse naturali, mentre l'Italia ha una forte industria ma nessuna risorsa naturale.

Nell'organizzare un sistema industriale-agricolo-energetico che possa portare ai cittadini il super welfare sarebbe auspicabile che le nazioni si dividessero i compiti a seconda delle proprie capacità.

Infatti una parte dei lavoratori statali, una volta che avremo sistemato il problema della sanità, dei poliziotti, degli insegnanti etc (welfare tradizionale già attuato nel mondo) verranno utilizzati per produrre macchinari, energia e risorse agricole (parte di welfare aggiuntivo indirizzato alla fornitura di cibo e case ai cittadini, cioè una novità rispetto ad oggi). Per aumentare la produttività di questi ultimi lavoratori sarebbe auspicabile che, per esempio, in Italia essi vengano totalmente utilizzati per produrre macchinari (essendoci una grande tradizione industriale in Italia) che poi potrebbero utilizzati in Italia ma anche in Russia, mentre la quota di questi lavoratori in Russia potrebbe essere dedicata interamente alla produzione di gas e petrolio (avendo la Russia enormi giacimenti di risorse naturali), che verrebbero utilizzati in Russia ma anche ceduti in Italia in cambio di macchinari. Dunque né in Russia né in Italia ci sarebbero lavoratori utilizzati in aziende agricole, mentre magari altri paesi che non hanno industrie o risorse energetiche potrebbero specializzarsi nella produzione di derrate agricole.

I paesi che non hanno nulla da offrire, né industrie né risorse, potrebbero dedicare una quota di lavoratori a fare gli scienziati o gli astronomi, altre attività di interesse pubblico.

Le nazioni potrebbero avere una moneta comune e alcune regole economiche comuni, come appunto l'assenza di tasse e la creazione dell'SLS.

Un'altra regola comune potrebbe essere quella di stabilire tra le nazioni uno standard di efficienza comune che stabilisce per esempio una percentuale di lavoratori statali ogni centomila abitanti per fornire il super welfare.

Se per esempio in Giappone per costruire un ospedale pubblico con 100 posti letto sono necessarie 1000 muratori per un anno e 1000 tonnellate di pietre, allora anche in Italia un ospedale pubblico da 100 posti dovrà essere costruito da 1000 muratori impiegati per un anno e con 1000 tonnellate di pietre. Se ciò non avverrà il responsabile della costruzione dell'ospedale sarà radiato dall'incarico, multato ed estromesso da incarichi pubblici di rilevanza per sempre.

Questo standard, consentendo paragoni tra le nazioni, dovrebbe incentivare all'efficienza ed essere un potente antidoto contro la corruzione. La confrontabilità tra cose uguali dovrebbe permettere di combattere corruzione ed inefficienza, o almeno si spera. A parità di numero di lavoratori statali per pari popolazione se in una nazione il servizio funziona e in un'altra no, vuol dire che il capo di quel servizio in una tale nazione va rimosso.

Iniziamo a cercare di stabilire quanti lavoratori statali SLS avremo a disposizione, tanto per cominciare a creare un numero standard di efficienza e ragionevolezza.

Ovviamente la percentuale cambia da nazione a nazione a seconda di come è composta la popolazione. L'Italia per esempio ha una popolazione piuttosto vecchia, quindi è probabile che la percentuale di persone tra i 25 e i 65 anni che devono eseguire il SLS sia diversa da quella dell'Egitto o della Germania o della Francia.

In Italia il numero di persone nella fascia d'età 25-65, cioè la fascia di coloro che dovrebbero svolgere l'SLS, è all'incirca del 50% della popolazione, e cioè circa 30 milioni di persone su 60 milioni di popolazione totale, come si desume da molti dati disponibili su internet in cui si vede che la popolazione tra 15 e 65 anni costituisce il 64% nell'ultimo anno, cioè circa 39 milioni di persone (dati ISTAT).

Quindi se vogliamo calcolare il numero di persone tra 25 e 65 anni possiamo ipotizzare che siano intorno ai 30 milioni, cioè il

50% di 60 milioni. Questo può essere utilizzato come numero di riferimento.

Se vogliamo arrivare a stabilire un numero preciso standard da applicare in ogni nazione (che ovviamente potrà essere rivisto e corretto dopo ulteriori analisi) diciamo che ogni centomila abitanti la metà devono svolgere il SLS, quindi abbiamo a disposizioni 50mila SLS ogni 100mila abitanti.

Continuiamo ad analizzare il caso italiano, paragonato ai numeri europei.

In una tabella trovata su internet si vede che i dipendenti pubblici italiani sono 3,4 milioni su 60 milioni di popolazione, equivalenti al 5,7 % della popolazione.

Comunque si vede anche che la percentuale di dipendenti pubblici varia a seconda dei vari paesi.

Infatti bisognerebbe anche avere dei dati precisi non solo sui dipendenti a tempo indeterminato ma anche su quelli a tempo determinato, sui part time, sui dipendenti delle aziende partecipate dallo stato etc etc.

Fare un paragone tra le varie nazioni diventa quindi molto difficile. Diciamo che guardando la media della tabella di sopra risulta che mediamente i dipendenti pubblici nell'attuale regime economico sono circa il 6% della popolazione.

Ricordiamo che, nel nuovo sistema, secondo un valore ragionevole, potremmo pensare di avere come lavoratori pubblici per un giorno alla settimana circa il 50% della popolazione.

Se dunque gli SLS su 100mila abitanti sono la metà, cioè 50 mila, allora possiamo cominciare a vedere come potremmo impiegare queste persone.

Facciamo degli esempi con l'Italia:

Nel 2011 l'Italia aveva 6,3 infermieri per 1.000 abitanti, al di sotto della media Ocse di 8,7 infermieri per 1.000 abitanti.

Secondo la media Ocse in Italia dovrebbero esserci dunque 870 infermieri ogni 100mila abitanti. Al contrario, il numero dei medici era ben superiore alla media Ocse: ben 4,1 per mille abitanti contro 3,2.

Dunque i medici in Italia ogni 100mila abitanti dovrebbero essere 320.

I dati sono nel Rapporto *Oecd Health Data 2013* recentemente pubblicato dall'Organizzazione per la cooperazione e lo sviluppo economico[1]

Sulle forze armate italiane i dati sono del 2014[2], esse sono composte da 340.000 uomini.

A cui andrebbero aggiunti anche i poliziotti, circa 100mila nel 2014[3].

Quindi le forze armate e di polizia in Italia, non tenendo presenti i vigili, assommano a circa 440mila unità, cioè circa 730 uomini ogni 100mila cittadini

In Italia, per fare un altro esempio, ci sono 720mila professori, eccettuati quelli universitari[4] equivalenti all'incirca a 1200 professori ogni 100mila abitanti.

Questa è dunque la situazione attuale, più o meno. Se considerassimo che i cittadini cominceranno a lavorare gratuitamente per lo stato per un giorno alla settimana allora dovremmo considerare che in Italia servono, sempre per fare un esempio, 870 infermieri per 7 giorni alla settimana=6090 infermieri, 320 medici per 7 giorni alla settimana= 2240 medici, 730 appartenenti alle forze armate e di polizia per 7 giorni=5110 uomini nelle forze di sicurezza, e 1200 professori per 6 giorni (alla domenica non c'è scuola) = 8400 professori.

---

[1] http://www.ipasvi.it/attualita/l-ocse-in-italia-medici-sopra-la-media-infermieri-al-di-sotto-id940.htm

[2] https://it.wikipedia.org/wiki/Forze_armate_italiane

[3] https://it.wikipedia.org/wiki/Polizia_di_Stato

[4] Dati ansa: http://www.ansa.it/sito/notizie/cronaca/2015/03/12/-scuola-78-milioni-di-studenti-e-720-mila-docenti-tutti-i-numeri_b46e4bee-6666-448f-b767-7724d3b8c7df.html

Come si vede, avendo a disposizione 50mila cittadini per il lavoro statale, e avendo già coperto la gran parte dei lavori necessari per un welfare minimo, e cioè i lavori nel campo della sanità pubblica, della polizia, delle forze di sicurezza e della scuola, siamo arrivati a far lavorare soltanto 21840 cittadini su 50mila cittadini a disposizione.

Certamente bisogna fare altre considerazioni. Per esempio il lavoro di medico, essendo molto specialistico, non può essere affidato a cittadini generici ma deve essere effettuato da cittadini che siano già medici professionisti e che quindi lavoreranno come medici gratuitamente per lo stato un giorno alla settimana e poi come medici nel settore privato negli altri giorni della settimana. Questo costituisce un problema perché non ci sono abbastanza medici disponibili. Tuttavia questo problema in qualche modo può essere risolto. In Italia per esempio soltanto 1/3 dei medici lavora nel settore pubblico, mentre i 2/3 lavorano nel settore privato[5]. Inoltre, quando il nuovo sistema economico dovesse essere a regime, il sistema universitario si adeguerà e sfornerà il numero di medici necessario.

Nel frattempo, per ovviare a questo inconveniente, magari i medici potranno essere incentivati economicamente a lavorare per lo stato almeno 3 giorni alla settimana, e lo stato utilizzerà i soldi che gli vengono dalle tasse dei cittadini che non vogliono fare il lavoro sociale obbligatorio per pagare il surplus di lavoro obbligatorio dei medici.

Credo invece che infermieri, insegnanti e poliziotti siano mestieri che potranno essere eseguiti, dopo adeguati corsi di formazione, dai molti cittadini che si presuppone avranno le caratteristiche adeguate (per fare il professore ci vorrà una laurea, per fare i

---

5

http://www.epicentro.iss.it/temi/politiche_sanitarie/ocseSistemaSanitario08.asp

poliziotti verranno selezionati i cittadini che hanno svolto il servizio militare ed hanno magari già il porto d'armi).

su 100mila cittadini	Situazione attuale con lavoratori professionisti	Numero necessario con sistema di lavoro di un giorno alla settimana da parte dei cittadini
infermieri	870	6090
medici	320	2240
poliziotti	730	5110
insegnanti	1200	8400
totale		21840 (su 50mila a disposizione)

Come si vede abbiamo già sistemato alcune delle professioni che maggiormente implicano personale e abbiamo ancora a disposizione più della metà dei cittadini SLS ancora da occupare. Certo bisogna ancora pensare agli impiegati amministrativi, ai netturbini, ai magistrati ma come si vede abbiamo quasi una situazione di sovrabbondanza di manodopera.
Netturbini, impiegati amministrativi e magistrati potrebbero essere agevolmente rimpiazzati con cittadini comuni (nel caso dei magistrati sarebbero ovviamente necessari cittadini con laurea in legge).

18

Non dimentichiamo però che il nostro welfare state è un super welfare e quindi noi dobbiamo fornire ai cittadini anche servizi che attualmente nessun welfare al mondo offre, come per esempio un'abitazione di dimensioni minimale ed il cibo basico. L'abitazione verrà fornita soltanto a chi vorrà, chi preferirà rimanere nella propria abitazione ovviamente potrà farlo. Anche il cibo basico ovviamente verrà fornito soltanto a chi ne farà richiesta.

Sarebbe interessante sapere quanti lavoratori SLS sarebbero necessari per fornire alla popolazione i beni alimentari basici. Per beni alimentari basici intendo dire acqua, pasta, farina, latte, sale, zucchero, frutta, verdura, carne, caffè etc.

Ricordiamo che è meglio fornire la popolazione di beni alimentari basici piuttosto che di un salario minimo perché esso porta all'apatia e all'alcolismo e al vizio del gioco (ci sono studi in questo senso).

Una parte dei lavoratori a disposizione un giorno della settimana dovranno lavorare nelle fabbriche dello stato e nelle aziende agricole dello stato. Le fabbriche dovranno fornire tutti i macchinari necessari per l'esecuzione del welfare state, le aziende agricole dovranno fornire i prodotti alimentari, evitando che lo stato (che avrà scarse risorse monetarie) debba acquistare merci o macchinari dal settore privato.

Questi cittadini che lavoreranno nelle fabbriche e nelle aziende agricole costituiranno di fatto la vera novità aggiunta al welfare tradizionale. Bisognerà stabilirne un numero standard ogni 100mila abitanti ed applicarlo (per esempio si stabilirà che il numero di cittadini che possono essere dedicati da ciascuno paese alle produzioni ed ai servizi che vanno al di là del welfare tradizionale sarà di 300 cittadini ogni 100mila abitanti, numero assolutamente da verificare).

Ricordandoci che questi cittadini sarebbe preferibile sfruttarli nelle produzioni tipiche di ogni paese (per esempio i russi potrebbero dedicarsi a produrre gas e petrolio, gli italiani macchinari, i francesi energia elettrica etc etc) che poi verrebbero interscambiate tra le nazioni al fine di ottenere una maggiore produttività. Paesi privi di risorse agricole o industriali potrebbero dedicare questa quota di cittadini ad altri compiti (per esempio servizi amministrativi per tutti gli altri paesi oppure ricerca scientifica da condividere con gli altri paesi etc).

Per quanto riguarda il problema dell'immigrazione i cittadini provenienti dai paesi poveri si può fare la seguente cosa: si possono chiudere momentaneamente le frontiere, al fine di fermare tragiche e inutili migrazioni, e nello stesso tempo proporre ai paesi ad alta emigrazione di partecipare al nuovo sistema economico, in modo da fornire ai loro abitanti la possibilità di vivere decentemente sul proprio territorio. Finalmente senza dover emigrare per vivere. Se i paesi ad alta emigrazione non hanno risorse da offrire per poter partecipare al consorzio mondiale dell'economia essi, come dicevo già prima, dedicheranno le energie dei loro lavoratori a tematiche tipo amministrazione o ricerca relative e di aiuto agli altri paesi del consorzio.

Al fine della formazione di una classe media, nel caso in cui non si formi da sé nel settore privato come sarebbe auspicabile e anche altamente probabile, si può anche ipotizzare che un domani lo stato deciderà di fornire a determinati cittadini anche beni gratuiti non necessariamente basici ma anche voluttuari, tipo sigarette, cellulari, automobili etc. Esso potrebbe essere un incentivo meritocratico a coloro che svolgono con impegno il lavoro sociale obbligatorio. Bisogna rifletterci sopra. Senz'altro lo stato deve trovare degli incentivi economici pubblici, laddove non bastassero quelli naturali del mercato privato, per creare una classe media e incentivare l'impegno dei cittadini, anche al fine importantissimo che essi non cadano nell'apatia che abbiamo visto avere effetti devastanti già durante il comunismo.

D'altro canto, per evitare che nel settore privato si creino concentrazioni di ricchezza davvero eccessive e pertanto pericolose, sarebbe interessante pensare a qualche rimedio. Per esempio si potrebbe creare una moneta che scade a fine anno e quindi deve essere cambiato dallo stato con una moneta di uguale valore ma valida nell'anno successivo. Ebbene, potrebbe essere posto un limite alla cambiabilità di questa moneta. Ogni cittadino, a fine anno, potrebbe recarsi presso speciali banche governative e cedere la moneta che sta per scadere, ricevendo nuova moneta valevole nell'anno successivo. Ogni cittadino potrebbe cambiare al massimo, chessò... 500 milioni di euro, affinchè egli possa giustamente crearsi una smisurata fortuna economica, ma che essa rimanga sempre non tremendamente enorme affinchè ciò non diventi un problema per la stabilità dell'intera società

Altri problemi legati all'economia sono i debiti degli stati e delle banche, i crediti inesigibili, i pagamenti che non vengono effettuati da alcuni clienti, la necessità di pagare le pensioni.

Il problema delle pensioni è molto importante. E' ovvio che lo stato, con il nuovo sistema economico (NES) non potrebbe pagarle, non avendo tasse a disposizione.

Del resto bisogna inventarsi qualcosa perché questo è un problema assai serio già oggi, in quanto i sistemi previdenziali tra un po' non si saprà più come finanziarli, visto che oggi i giovani che dovranno pagare le pensioni degli anziani fanno già fatica a sopravvivere loro, con salari bassissimi che presto non riusciranno più a finanziare le casse previdenziali.

Ebbene innanzitutto bisogna dire che con il nuovo sistema economico qui proposto, che fornisce ai cittadini il super welfare gratuito, la pensione in futuro non sarà più necessaria. I cittadini che vorranno avere una protezione superiore a quella offerta dal super welfare e avere anche soldi da spendere in beni voluttuari dovranno costituirsi delle pensioni private.

Tuttavia, per salvaguardare il sacrosanto diritto alla pensione di chi è già adesso in pensione, e al fine di evitare passaggi troppo traumatici, si possono ipotizzare le seguenti soluzioni: come primo punto ovviamente i pensionati cominceranno a poter usufruire gratuitamente del super welfare senza bisogno di prestare il proprio giorno lavorativo settimanale allo stato. In aggiunta i pensionati dovrebbero avere un po' di denaro a seconda della consistenza della propria pensione (gli introiti monetari dello stato provenienti dalla produzione e dalla vendita di elettricità e carburante dovrebbero essere principalmente utilizzati per questo compito) e ancora in aggiunta potrebbero avere buoni di elettricità e gasolio da scambiare nei negozi con prodotti in vendita nei negozi stessi (sempre in proporzione alla consistenza della propria pensione attuale).

Per quanto riguarda i debiti delle banche e degli stati bisogna rendersi conto che c'è una quantità enorme di denaro che circola sotto varie forme ma di fatto non esiste[6].

Come si può far pulizia?

Il sistema farà pulizia da solo e il NES (Nuovo Sistema Economico) farà da scudo durante questo drammatico percorso. Infatti il NES è autosufficiente, non ci sono più tasse e c'è l'SLS per i bisogni fondamentali. Per il resto succederà quello che succederà, certo sarebbe auspicabile una sanatoria che metta tutto a posto ma temo che sia molto arduo.

Una struttura potente e indipendente come il NES permetterà la sopravvivenza durante il periodo inevitabile in cui verranno a galla le scelleratezze finanziarie fatte e permesse in questi anni,

---

[6] Did you know that there are 5 "too big to fail" banks in the United States that **each** have exposure to derivatives contracts that is in excess of 30 **trillion** dollars? Overall, the biggest U.S. banks collectively have more than 247 trillion dollars of exposure to derivatives contracts. That is an amount of money that is more than 13 times the size of the U.S. national debt, and it is a ticking time bomb that could set off financial Armageddon at any moment. Globally, the notional value of all outstanding derivatives contracts is a staggering 552.9 trillion dollars according to the Bank for International Settlements. The bankers assure us that these financial instruments are far less risky than they sound, and that they have spread the risk around enough so that there is no way they could bring the entire system down. But that is the thing about risk – you can try to spread it around as many ways as you can, but you can never eliminate it. And when this derivatives bubble finally implodes, there won't be enough money on the entire planet to fix it" FROM INTERNET

che prima o poi dovranno emergere dalle nebbie in cui sono state nascoste.

Personalmente istituirei un comitato di conversione della moneta attuale in una nuova moneta e questo comitato avrebbe il compito di valutare la provenienza e la qualità del denaro che si deve convertire. Faccio qualche esempio:

Se un cittadino con 10mila euro sul conto corrente va dallo stato e gli chiede di convertire i suoi 10mila euro nella nuova moneta allora lo stato darà al cittadino 10mila soldi della nuova moneta perché il cittadino ha portato un credito buono.

Allo stesso modo avverrà se un cittadino vorrà farsi convertire nella nuova moneta un BTP da 10mila euro, essendo pure questo un credito buono.

Se una banca chiederà che gli vengano convertiti nella nuova moneta 100 milioni di euro che la sua banca possiede in derivati o crediti inesigibili gli si dirà al banchiere che i suoi soldi non valgono niente e non gli si darà niente. Infatti questo non è un credito buono, ma un credito derivante da scarsa capacità di analisi del management oppure da malversazioni di tipo finanziario o delinquenziale sempre del management, per cui l'eliminazione di quel denaro è inevitabile.

Siccome tutti i paesi che parteciperanno al consorzio cercheranno di difendere il più possibile le proprie ricchezze (cercando di convertire più moneta possibile, dei propri cittadini e delle proprie banche, nella nuova moneta) sarà necessario che vengano messi delle regole. Le regole potrebbero essere: 1 il denaro dei cittadini viene sempre convertito totalmente 2 ogni cittadino può convertire denaro contante solo fino ad una certa somma (per evitare riciclaggio di denaro sporco) 3 le banche possono convertire il denaro in loro possesso sulla base di una quantità prestabilita da una formula che ha come fattori il numero di cittadini della nazione di appartenenza, l'estensione territoriale, la media del pil registrato degli ultimi 10 anni. Una volta stabilito questo numero saranno i governi nazionali a decidere quali siano le loro banche da salvare e quelle da eliminare tramite la conversione del denaro che le banche dicono di avere.

Ovviamente questi criteri sono solo suggerimenti tanto per cominciare a discutere, dovranno essere approfonditi e ridiscussi ma l'obbiettivo generale dovrebbe essere quello di salvaguardare le ricchezze dei cittadini e delle imprese sane e produttive, eliminando invece il denaro virtuale e finanziario creato dalle banche e dalle imprese speculative e criminali. Nell'ambito delle discussioni sulla nuova moneta le varie nazioni dovranno anche discutere tra di loro il problema dei debiti tra le nazioni stesse

Come ultimo punto va detto che durante un processo di riorganizzazione dell'apparato economico-industriale-agricolo-energetico di tale portata sicuramente potrà rendersi necessaria la nazionalizzazione di qualche industria o azienda agricola o energetica. Ovviamente si dovrà pensare ad una forma di compensazione per i proprietari espropriati.

Avendo la possibilità di studiare prima a tavolino questo nuovo sistema economico bisognerà cercare di studiarlo al meglio, sfruttando appieno questa storica opportunità.

C'è un'altra ragione per cui questo sistema economico dovrebbe poter funzionare ed è perché è funzionale a ciò che succederà nel prossimo futuro. Quando infatti l'economia collasserà, per qualche prevedibile ragione di tipo finanziario o produttivo, non funzionerà più nulla e solo chi avrà la forza militare potrà pensare di ristabilire un ordine. A quel punto si troverà davanti solo macerie perché le borse non esisteranno più, le banche non esisteranno più, le industrie e il commercio non esisteranno più. In questo quadro post apocalittico la cosa più ovvia da fare sarà che l'esercito distribuisca viveri e medicine ai civili. E questo è il primo passo verso il super welfare di cui abbiamo parlato. In seguito l'esercito chiederà ai cittadini di eseguire qualche lavoro in cambio di viveri e medicine. E questo è il primo passo verso il lavoro pubblico settimanale. L'esercito poi, quando la situazione comincerà a normalizzarsi e si comincerà a riformare un'economia privata, non potrà certo chiedere delle tasse, perché almeno nei primi tempi non ci sarà neppure una moneta, e quindi pian pianino ci si potrà dirigere verso un'economia senza tasse e con un superwelfare gratuito tramite il lavoro dei cittadini (e poi solo tramite la capacità della tecnologia).

Paderno Dugnano, scritto nel 2016, ultimo aggiornamento maggio 2017

Per commenti scrivere a: boboser@live.it

www.ingramcontent.com/pod-product-compliance
Lightning Source LLC
Chambersburg PA
CBHW072030280526
45788CB00007B/2738